POUR

LE

RÉGIME CIVIL

EN ALGÉRIE

Par Ferdinand CAMBON

CONSTANTINE

IMPRIMERIE DE L. MARLE, RUE D'AUMALE, 2.

--

A PARIS

CHEZ CHALLAMEL AINÉ, 5, RUE JACOB

—

1879

POUR

LE

RÉGIME CIVIL

EN ALGÉRIE

Par Ferdinand CAMBON

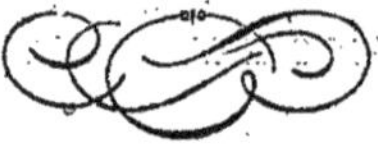

CONSTANTINE

IMPRIMERIE DE L. MARLE, RUE D'AUMALE, 2.

1879

J'ai traversé une ville du Sud très-florissante, — à l'Époque Romaine, — la première maison, en entrant, appartenait au Caïd, la dernière en sortant appartenait au même Caïd.

J'ai vu une difficulté s'élever entre deux tribus, pour un terrain, — à peine quatre cents hectares, — informations prises, ce terrain appartenait au Cadhi.

Le Sénatus-Consulte de 1863 était passé par là.

Simples notes.

POUR LE RÉGIME CIVIL.

Une question moins grosse de difficultés qu'on ne l'imagine, car la pire des solutions serait le *statu quo*, s'impose à tous les esprits, c'est la colonisation algérienne.

Que chacun apporte sa pierre à l'édifice. C'est ce que, pour ma part, je vais tâcher de faire, n'ayant qu'une préoccupation : ne pas m'écarter du vrai et du juste, me rapprocher de l'utile.

Simplifier les rouages administratifs, n'avoir que deux données : Commune et Département, unifier ainsi autant que possible le budget de manière à porter chaque année la plus grande masse disponible de fonds sur un grand travail : comme en guerre on porte la plus grande masse de troupes, et en irrigation la plus grande quantité d'eau sur un même point ; et, remettre la libre disposition du budget départemental en entier à l'assemblée délibérante de chaque département.

Assurer la perception des impôts d'une façon honnête, en augmentant le nombre du personnel des Contributions, est une mesure toute indiquée.

Les quittances individuelles, qu'il y aurait à délivrer, nécessiteraient au moins le doublement des receveurs. L'un d'eux, dans chaque bureau, pourrait parcourir les tribus et faire les recensements. Le parcours se ferait aussitôt après l'été, au moment où les tribus transhumantes n'ont pas encore quitté les campements telliens.

Ainsi serait supprimée cette chose hybride et bâtarde, la commune indigène.

Et supprimés, aussi, les caïds, ces auxiliaires jamais réfrénés du militarisme, ces stipendiés plus royalistes que le roi, plus militaires que l'autorité militaire elle-même, que cette autorité dont le rôle réel n'a jamais été, depuis que les Lamoricière, les Bugeaud, les Pélissier ont quitté le sol algérien, que de retarder, de ralentir, d'empêcher l'avènement de la colonisation.

Remplacés par des cheiks, constitués en Djemas pour chaque tribu, on verrait combien cette organisation, toute démocratique, s'adapterait au régime des tribus, où elle est d'ailleurs d'antique tradition.

Elle apporterait dans un milieu aujourd'hui gangréné cette haute moralité, cette sécurité de conscience, qui est le fond de toute assemblée.

Les commandements seraient aussi supprimés. Ils sont une perte pour l'armée à laquelle le corps d'officiers des affaires indigènes doit tout son temps ; à peine devra-t-on conserver, prenant l'élite de ces officiers et comme en mission temporaire et de transmission de pouvoirs, dans un temps défini, quelques-uns d'entre eux, pour les placer à la tête des tribus sahariennes.

Mais, nous le répétons, ces commandements s'appliquant à des intérêts d'ordre civil, devraient avoir une

durée déterminée, que le mérite de l'officier lui-même
devrait abréger, si faire se pouvait, pour en laisser la
direction aux vrais réprésentants de la loi, aux magistrats de la République.

Telle fut la mission du général Shermann, alors simple officier de cavalerie, aux Etats-Unis, en 1851, lorsque les premiers éléments d'une organisation civile
durent être constitués en Californie.

C'est une erreur de croire au prestige absolu de l'u-
niforme militaire vis-à-vis des indigènes.

Ce que ceux-ci admirent surtout, c'est la justice
et le désintéressement, vertus à la Desaix et à la Saint-
Just, que seul le sentiment républicain peut inspirer
et qui ne failliront pas à nos jeunes magistrats.

Les prestiges n'existent pas. D'ailleurs tous les
commandants militaires ne sont pas des Murat ou des
Lassalle ; l'indigène en a vu monter en prolonge, de
Barouka en Barouka, et son respect n'a pas grandi.

Aussi, j'estime que si prestige il doit y avoir, aux
yeux qui l'admettent, rien ne peut dépasser celui du
gendarme au baudrier resplendissant sur une muscu-
lature bien accusée, doublée d'ailleurs dans l'ombre,
de l'hermine de magistrat, des robes rouges des assises
légales et de la voix des douze jurés.

La loi et sa suprématie ne sont pas une abstraction
qui puisse échapper aux yeux les plus vulgaires.

L'Arabe, de tous temps, accablé par les injustices les
plus brutales, comme les plus patientes et les plus raf-
finées, a soif de justice. Que de fois n'ai-je pas vu im-
plorer la juridiction des tribunaux français, regretter
les lenteurs de la naturalisation, invoquer le régime
civil, comme une délivrance, par des malheureux au

cœur vaillant encore et que l'injustice atteignait comme un fer rouge.

C'est que l'administration et la justice indigène, — peut-on appeler de tels noms ces ordres de faits ! — ont été et sont encore vis-à-vis de l'autorité militaire comme la femme de Claude. Ne les a-t-on pas vues sous ses yeux même, faire cause commune avec l'insurrection, comme Messaline épousait Silius.

Ce serait une grande erreur de croire que la colonisation n'est pas viable sous les altitudes des hauts plateaux, qui forment la ligne du partage des eaux, c'est-à-dire sur le voisinage du désert.

Ce qui, au contraire, n'est pas viable, c'est la société arabe telle qu'elle est aujourd'hui administrée, car il est certain qu'elle irait toujours en diminuant, de même que le pays, sur lequel elle vit, voit d'année en année s'amincir ses couches arables, ses forêts s'éclaircir et diminuer ses sources.

Une société, qui vit au jour le jour, d'espoir en Dieu, dont le système organique n'est que fatalisme, ne peut que dépérir.

Dans ce dépérissement seul, le colon, peut l'arrêter sur sa pente. La vie des tribus des hauts plateaux est basée sur le régime pastoral, qui, poussé à outrance, est la destruction des prairies naturelles, le déboisement des forêts, l'assèchement des sources.

Seul, le colon peut intervenir utilement pour la conservation des prairies naturelles et la création des prairies artificielles, cultures qui sont lettres mortes pour les indigènes.

Il y a une manière d'étendre d'un tiers tous les pâturages d'une contrée, c'est d'y construire des abris. L'abri en hiver vaut le 40 0/0 de la nourriture ; en été, dans les grosses chaleurs du jour, peut-être le 20 0/0.

Qui les construira, le colon seul. Il faut qu'il se mêle à ces populations des hauts plateaux, il leur apportera son travail, son génie, son initiative, doublée, triplée par le relief d'un pays nouveau, dont tous les contours, le saisiront, où il verra les emplacements des barrages à établir, où seul il pourra asservir les chûtes d'eau et faire concourir à son œuvre, utilisant avec l'expérience des indigènes, sans lesquels il ne saurait vivre, toutes les forces du pays.

Et, de même que le colon ne saurait se passer de l'indigène, l'arabe ne pourrait subsister sans lui, sous l'autorité qui l'étreint; dévoré par les caïds, énervé par le despotisme de l'autorité militaire qui n'est que le couronnement d'un édifice, l'arabe se roule dans son burnous et contemplatif, il subit tout. Un jour son bétail mourra de soif et le lendemain un orage surprenant sa tente dans un bas fond, changé en torrent, l'emportera lui et sa famille.

Or, qui pourra lutter contre un tel état de choses, contre un climat si porté aux extrêmes ? — Le travail, le travail seul, que seul, le colon représente.

L'eau, sur beaucoup de points, n'est qu'à quelques mètres au-dessous du sol. Qui l'extraira, qui la ramènera à la surface, si ce n'est le colon ?

Lorsque les pâturages du Sud se couvrent, dans les années favorables, d'une immense nappe de verdure et de fleurs à la hauteur du flanc des chevaux, qui aura, au moment voulu, l'épargne et l'initiative nécessaires pour faire faucher de grands approvisionnements de fourrages, si ce n'est encore le colon ?

Ainsi, la colonisation s'impose non pas seulement dans les plaines plantureuses de Sétif et ses pareilles, mais dans les hauts plateaux du Hodna, de l'Aurès, sur les limites du désert lui-même.

Et, si un dernier doute restait entre la préférence à donner à l'ordre des choses actuel et l'ordre à venir, qu'on veuille bien demander à l'autorité militaire de chaque cercle de faire son recensement, son inventaire depuis vingt années.

Vous aurez une expérience concluante. — Comptez : dans chaque district qui avoisine les hauts plateaux, la population a diminué de 50 pour 100. — La population, c'est-à-dire le premier élément de toute production. — La taille des animaux se réduit, car les pâtures disparaissent, le nombre de bétail ayant été augmenté. Les forêts elles-mêmes ont été données en pâture non pas seulement en dépaissance ; et des jours sont venus où on a ébranché, totalement coupé même les arbres, les chênes surtout, pour faire manger la feuille. C'était l'époque où le général Chanzy disait au Conseil supérieur qu'il avait remis aux commandements 730,000 hectares de forêts (seulement !)

Cherchez les travaux publics qui ont été faits avec ces innombrables journées de prestation gaspillées, fonds et main-d'œuvre.

Recomptez cette diminution de population.

Dites-vous aussi que ce peu de population qui nous reste est à la merci d'une deuxième édition de la famine. Car vous n'avez point de route, point de chemin de fer qui la relie au monde des vivants, à la civilisation, à la République ; et, ces comptes faits, dites-nous si vous ne croyez pas que dans cette immense ferme, il faut changer gérant et gérance.

Ne croyez pas que cette énorme diminution de population soit due à la famine de 1867 seule.

Sous le despotisme énervant de l'autorité militaire, l'injustice des caïds et des cadhis n'a pas eu de bornes, et je n'ai jamais vu un jugement inique, sans qu'une partie de la richesse publique sombrât aussi; dans l'ordre familial de la société indigène, tout jugement inique de cadhi aboutit à une diminution de la natalité, à l'accroissement de la mortalité des enfants et à un amoindrissement de longévité chez les hommes.

TRAVAUX PUBLICS.

Le regretté commandant Charrier, de Saïda, dans la province d'Oran, me disait qu'en 1867 les tribus de Saïda, qui aboutissaient au chemin de fer déjà fait et aux routes qui le desservaient, s'enrichirent pendant cette époque de la famine. Elles vendaient leur alfa à la Compagnie Desbrousse ; tandis que les autres tribus privées de routes se défaisaient de leurs dernières têtes de bétail, les tribus de Saïda purent les leur acheter. La mortalité y fut nulle, elles purent même venir en aide aux tribus les plus malheureuses.

Ainsi les routes, les chemins de fer, s'ils avaient existé à cette époque dans la province de Constantine, reliant à la mer Bordj-bou-Arreridj, Batna, Biskra, Krenchela, Aïn-Beïda, Tébessa, y auraient d'abord maintenu une égalité de prix qui eut atténué la misère ; et, rendant possible cette exploitation de l'alfa que la nature a répandu sur de si vastes espaces, ils eussent réduit cette malheureuse année à des proportions de simple disette pour les tribus les plus éprouvées.

Nulle part, peut-être, l'homme ne serait mort de faim et, dans cette province seule, plus de deux cent milles personnes eussent été sauvées ainsi de cette famine indienne, qui s'est si vivement gravée dans nos souvenirs.

Ce serait un calcul facile que d'évaluer ce qu'a perdu chaque année l'État, en revenus, dans cet ossuaire de 1867. — Pour la seule province de Constantine, deux cent mille âmes représentent un revenu minimum de deux millions, somme égale à la garantie d'intérêt à 5 p. 100 de cinq cents kilomètres de chemin de fer, à 80,000 fr. le kilomètre, de quoi relier Batna, Biskra, Krenchela, Aïn-Beïda, Tébessa, et Souk-Ahras à Guelma, à Constantine, à la mer même.

Et faut-il répéter ici ce que dit Jules Duval de cette famine que l'autorité militaire ne sut ni prévoir, ni combattre, comme pour prouver une fois de plus son inaptitude à gouverner les intérêts civils.

C'est donc dans les travaux publics et par eux, routes et chemins de fer, que nous voyons le salut de l'Algérie.

Pour arriver à leur exécution, il est indispensable d'enlever à l'autorité militaire toute disposition de fonds et de budget, de façon à mettre toutes les ressources dans la même main, la main du pays, qui pourra dès lors les porter, chaque année, à la fois sur un même point.

Tel est, je crois, le rein de la question algérienne.

Les chemins de fer d'abord stratégiques, industriels et agricoles, seront l'union, le faisceau de tous les intérêts.

Et que de ressources naîtront sous leurs pas.

Oui, le colon, le plus optimiste, lui-même, ne connaît

p as le pays, que de choses sont cachées, que de choses, ignorées aujourd'hui, surgiront demain.

L'alfa, qui laisse chaque année tant de millions dans la province d'Oran, n'est-elle pas une chose d'hier ?

Là des mines, ici des carrières de grande valeur comme Aïn-Beïda-Kebira ; ici, encore des chaux hydrauliques, des ciments, des bois, des chûtes d'eau, des gisements d'anthracite ; puis les vins de Souk-Ahras, les lainages, les dattes, les produits du Sud, le bétail partout et partout l'alfa.

Puis l'imprévu, les découvertes, l'inconnu. Le désert lui-même demain immergé, et devant tant de choses à faire, croyez que le génie de la liberté n'est pas de trop.

DE L'INUTILITÉ DE L'EMPLOI DES PRESTATIONS

EN TERRITOIRE DES TRIBUS.

En France, rien de plus utile que la création des chemins de petite vicinalité, les pluies plus fréquentes détrempent les voies de communication, et les charrois seraient impossibles sans un bon entretien des routes.

En est-il de même en Algérie? Non, certes, les pluies y sont plus rares. Le soleil en est le cantonnier par excellence, et dans le pays où fleurit (faudra-t-il dire *florissait*), la commune indigène, pour un temps encore très-long, les transports se feront à dos de mulets et autres.

D'ailleurs, les chemins vicinaux sont autant de branches fruitières qui doivent aboutir au tronc, chemin départemental, route nationale ou chemin de fer par lesquels viennent la vie et la circulation; mais d'abord il faut le tronc; de là, nécessité absolue de laisser les ressources budgétaires, de ce qui est aujourd'hui la commune indigène, à la disposition des conseils généraux, sous réserve de les affecter aux chemins de grande vicinalité ou départementaux que l'on ferait bien de remplacer par des tramways.

Il y a dans ces fonds de prestations des ressources considérables dont le gaspillage a été jusqu'ici au-dessus de tout ce qu'on peut penser. Le prestataire a été employé à couper le bois, à étendre la lessive, à des travaux de fantaisie et, pour l'exception, à des travaux utiles, l'autorité militaire n'ayant eu jamais que la préoccupation d'éloigner le jour où le pays fut assez préparé pour que le colon s'y implantât.

L'étendue des ressources qu'offrent les prestations seules eut dès longtemps permis de relier au littoral par des voies ferrées, les localités les plus éloignées.

Prenons un exemple, il peut s'appliquer à tous les centres : la commune d'Aïn-Beïda a chaque année 115,000 francs et celle de Tébessa 95,000 francs de fonds de prestation, soit en chiffre rond 200,000 francs.

Cette somme suffit à la garantie d'interêt d'un chemin de fer ou tout au moins d'un tramway qui relierait ces localités.

Combien un tel emploi de ressources eut été profitable au pays. L'imagination la plus optimiste peut à peine l'entrevoir.

Ainsi, il est démontré que le pays aurait pu faire de soi, *fara de se,* s'il avait eu la liberté, la libre administration de ses propres ressources.

Espérons que cette liberté lui sera donnée, et que le temps et les autres éléments perdus seront en partie compensés par l'aide que la République donne aujourd'hui à l'Algérie en décrétant d'un seul vote 1,800 kilomètres de chemin de fer d'intérêt général, en lui donnant enfin un Gouverneur civil, un républicain.

Seule la liberté a manqué à l'Algérie pour qu'elle se sillonnât de voies ferrées qui en eussent fait une colonie prospère.

C'est que l'autorité militaire a substitué partout où elle domine, — et où ne domine-t-elle pas ? — le commandement à la discussion, l'arbitraire et le gaspillage à l'emploi éclairé des ressources, et par les mille vis de pression dont elle dispose, l'écrasement à l'initiative, l'énervement à toute manifestation des caractères, conduisant ainsi le pays à ces fins destructives qui sont les inévitables résultats du despotisme.

Maintenir le pays dans cet état de demi-sauvagerie qui peut éloigner le colon, y rendre la sécurité nulle, éloigner d'un œil jaloux tous les regards des budgets, recommander comme sacrée la discrétion des receveurs chargés de payer les dépenses, mettre sous clef tous les renseignements de statistique, ne rien faire d'utile, surtout ne pas relier les localités entre elles, se faire des isoloirs, voir le télégraphe avec suspicion, la presse locale avec horreur ; entretenir des fonctionnaires qui, le plus souvent, ne savent ni lire ni écrire, avec des appointements qui se basent à 10,000 francs et s'élèvent jusqu'à 60,000 et les dépassent ; des fonctionnaires qui ne font rien, des oisifs qui soignent leurs mains, vrais tarets dans l'État, et les décorer, ces oisifs : telle est une partie du programme du commandement.

GUERRE A LA COLONISATION.

Qu'il me soit permis de citer un fait patent, tangible aujourd'hui, il peut être pris parmi ces millions de faits dont la colonisation est la victime.

Ces chemins de fer que l'Algérie eut pu construire avec ses propres ressources auraient empêché, étouffé dans son œuf l'insurrection de 1871.

Mais cette insurrection châtiée, il restait un bénéfice à en tirer dans la conservation des terrains qui furent sequestrés.

Les villages de Beccaria, d'Aïn-Jedour avaient pris la part la plus active au mouvement insurrectionnel. Leurs terres, abondamment pourvues d'eaux vives, toutes irrigables, à proximité de la route nationale de Constantine à Tébessa et, pour quelques-unes à des altitudes et dans des sites qui en faisaient de vrais lieux d'élection pour les colons, furent placées sous le sequestre.

De même aussi, 123,000 hectares de parcours en sable et rochers, aux Ouled-Sidi-Abid, aux abords même du désert, c'est-à-dire à plus de vingt lieues de Tébessa.

En 1871, à l'époque de l'application de ce séquestre, une commission formée de trois colons et du commandant supérieur fut promenée sur le territoire de Beccaria, d'Aïn-Jedour et trois ou quatre centres agricoles furent projetés. Les membres civils de la commission firent de beaux rêves.

Puis en 1878, on étouffa les trois ou quatre centres dans leur projet et on rendit leurs terres aux insurgés.

Etait-ce à titre d'encouragement?

Par contre, on conserva, à la colonisation *(sic)* les 123,000 hectares des Ouled-Sidi-Abid. Et l'on pouvait voir le témoignage de la conservation de ce désert, dans le travail des commissions de séquestre qui fut remis, en petit livre jaune, par le Gouvernement général aux Conseils généraux (session d'octobre 1878). Naturellement on n'y disait pas que l'on avait rendu des terres de premier ordre et gardé les sables.

Ce n'était pas assez de l'injure, il fallait ajouter l'ironie. Le commandement n'y a pas manqué.

Il est bon d'ajouter que les tribus du cercle de Tébessa comptent environ 100 hectares par habitant, rien ne leur était moins nécessaire que les huit ou dix mille hectares qui leur furent rendus. Les conserver eut été donner un corps à la répression. Tel terrain connu eut appartenu à l'État, à une commune, à un particulier, c'eut été un *memento*.

Tandis que tout le monde, et surtout le chamelier qui les foule, ignore si les 123,000 hectares nominalement conservés chez les Ouled-Sidi-Abid appartiennent à l'État ou à d'autres.

Ainsi le veut le commandement et c'est là la guerre, la grande guerre qu'il fait à la colonisation.

Ces choses sont à peu près ignorées de tout le monde, excepté de ceux qui les perpètrent. Un simple article de journal attirant l'attention sur ces faits alors qu'ils n'étaient qu'en préparation, les eut certainement empêchés. Mais on eut garde de faire le moindre bruit, tout en territoire de commandement s'accomplissant dans l'ombre et le silence.

Ce que l'on craint, ce que l'on redoute ce n'est pas qu'un abus se produise, mais qu'il soit signalé. Aussi tout correspondant de journal, tout homme soupçonné d'écrire est-il soigneusement surveillé, entouré. Les rigueurs l'attendent à tous les coins de sa vie de colon.

C'est encore la guerre.

On lui interdira l'eau, la terre, le feu (1), cependant qui pourrait dire combien la publicité à tous les actes eut empêché d'abus, cette publicité, il ne faut pas l'espérer en territoire de commandement, elle est d'essence civile. Ainsi tout milite pour le remplacement des institutions militaires qui ont fait leur temps, par une administration franchement civile et républicaine.

---

(1) Nous avons déjà dit que les forêts avaient été remises au commandement par le général Chanzy (Note de l'auteur).

Constantine. — Imprimerie de L. MARLE, 2, rue d'Aumale.